AF257912

GUIA

PARA

LA CRIANZA

EXITOSA DE

CABRAS

SALUDABLES

Serie: Conocimiento caprino 4

Felicity McCullough

Edición Poche

ISBN: 978-1-78165-066-0

Tabla de Contenido

Introducción e Información Básica

Renuncia de responsabilidad legal (26)

Las cabras son maravillosas, inteligentes y afectivos animales. Las personas vinculadas a las cabras se enriquecen en sus vidas gracias a ellas. Las cabras son criadas comercialmente por su carne, su leche y su fibra textil. También son resguardadas como mascotas. Si está considerando formar parte de este mundo del cuidado de cabras, ¡sea bienvenido! Está formando parte de las hileras de personas dedicadas a la protección de estas maravillosas criaturas.

Hay algunas cosas que necesita tener en mente mientras se prepara para criar cabras. Adquirir conocimientos acerca del cuidado caprino es una buena idea, antes de comenzar a cuidar cabras. La mayoría de las personas, son recién iniciadas en la crianza de caprino, y usted probablemente no sabrá qué hacer.

Una de las primeras cosas a saber es que las cabras son animales de rebaño y necesitan mantenerse, por lo menos, en pares. Piénselo, ¡aumente la diversión al doble! Las cabras no crecen adecuadamente si no tienen la compañía de otras cabras. Se llevan muy bien con otros animales y, por supuesto, con los humanos; aún así necesitan de otras cabras para ser completamente felices.

Es un gran compromiso, criar y cuidar de las cabras, y necesitan atención constante. Si necesita salir de viaje, necesitará tener a alguien de confianza que pueda cuidar de ellas mientras usted está ausente.

Las cabras necesitarán, en algún momento, ser tratadas por un veterinario. Como todos los animales, pueden enfermarse. Las cabras requerirán vacunaciones y tratamientos de prevención contra lombrices y parásitos. Para encontrar un veterinario experto en cabras, puede localizarlo a través de su grupo local de granjeros, por ejemplo, o también en el directorio telefónico de su ciudad, con otros criadores de cabras en el área, o con cualquier asociación veterinaria cerca de usted.

Las cabras (hembras en el ganado caprino) pueden vivir, en promedio, cerca de 12 años. Si éstas dejan de reproducirse al llegar a la edad de 10 años, ésta puede vivir incluso más de 12 años.

La reproducción en exceso de una cabra, juega un enorme papel con respecto a la longevidad de su vida. Los machos cabríos (cabras macho) no suelen vivir tanto como las hembras, y para su reproducción se necesita al mejor rebaño. Las repetidas épocas de rapareamiento, año tras año, además del poco alimento y descanso afectan la habilidad del macho cabrío para producir crías de alta calidad.

Tomar el papel de un criador de caprino es un compromiso a largo plazo, y se necesita cuidadosa consideración, para asegurarse de procurar el mayor bienestar de las cabras.

Cuando adquiera cabras para criar, elija a otro criador que tenga una reputación de primera clase. Además, solicite ver sus registros y el ambiente en que anteriormente se cuidaba a las cabras.

Al criar caprino, las tareas del criador incluyen la alimentación, el acicalamiento y dar de beber a cada cabra dos veces al día, además de asegurarse de que los contenedores y corrales estén limpios. Esto significa remover manchas de humedad, así como el estiércol de sus camas.

Por encima de todo ello, hay tareas periódicas de las cuales se debe encargar, incluyendo el cuidado de sus pezuñas, desparasitación y vacunaciones.

El cuidado de las pezuñas se hace a conciencia cada 4 a 8 semanas y consiste en recortar el exceso de crecimiento de ésta.

La desparasitación debe hacerse después de que el veterinario haya realizado un análisis de gusanos en heces fecales. La leche de una cabra recién desparasitada no debe ser consumida hasta que el desparasitante haya salido por completo del sistema de la cabra. Revise la información que acompaña al desparasitante para saber la duración exacta de dicho periodo, al cual se le llama tiempo de suspensión.

También consulte a su veterinario para saber contra qué enfermedades vacunar y en qué momento.

2. Razas caprinas

Las cabras han sido domesticadas durante muchos siglos, y hay más de 300 razas caprinas en el mundo; con el paso de los años han sido seleccionadas y criadas por sus cualidades reproductivas.

Muchas de estas razas son ahora escasas. Cada raza tiene su propio aspecto y rasgos particulares. Veamos enseguida dos razas populares.

Cabra Pigmea

Las cabras pigmeas pueden servir de excelentes mascotas, si se tienen pequeñas propiedades. Son tiernos y afectuosos animales, que adoran que les acaricien y rasquen su cabeza.

Deberá tener al menos dos de ellas, pues necesitan mutua compañía. También suelen sobrellevar la compañía de perros y gatos. Sin embargo, los perros pueden ocasionarles lesiones y los gatos causarles infecciones a las cabras.

Las cabras pigmeas son originarias de África. Fueron trasladadas a los Estados Unidos en los años 1950, y se usaban para deshacerse de la mala hierba. Gracias a que son relativamente pequeñas, amistosas y juguetonas, se han convertido en populares mascotas. Estas cabras también pueden producir leche y carne. Hay que tomar en cuenta que producen, en general, pocas cantidades, aunque algunas pueden producir hasta dos litros de leche cada día.

Las cabras son buscadoras y se comerán el hierbajo, de manera que dejarán el pasto listo para el resto del ganado en una granja. Sin embargo, podrían devastar su jardín en cualquier oportunidad.

Las cabras pigmeas son como las cabras regulares excepto por sus patas, que son más gruesas y más cortas que las de otras razas.

Las cabras pigmeas tienen cuernos, que son comúnmente removidos en las primeras semanas de vida. A esto se le llama descornar y requiere de anestésicos, por lo que usualmente es llevado a cabo por un veterinario.

Las cabras pigmeas son por lo general negras con tonos caramelo, pero el color negro puede dominar.

Una cabra pigmea, en plena madurez, pesa cerca de 32 kilos. Pueden reproducirse en cualquier época del año, y tienen entre uno y cuatro cabritos que pueden pesar hasta 2 kilos.

Las cabras necesitan ser mantenidas en un ambiente con buena ventilación.

Las cabras son exigentes al comer, y no se alimentarán de contenedores sucios. Necesitan, y prefieren, agua limpia y fresca, que de preferencia esté a su alcance al aire libre, pero no la beberán si está fría o congelada, por lo que el agua necesitará ser entibiada.

Las cabras comen fibras que encuentran en legumbres y alimento tierno o mezclas de granos. Puede prepararlas usted mismo, o comprar el alimento que mejor convenga. Pueden, también, ingerir suplementos a base de alfalfa que contengan granos regularmente. Debe asegurarse de supervisar el peso y reducirlo si comienzan a subir demasiado, pues no es bueno para su salud.

Si su alimento cae al suelo, u otra cabra lo pisa, ya no lo comerán. Si se alimentan en comederos, habrá que instalarlos despegados del piso para prevenir que las cabras pisen el alimento y lo contaminen.

Las cabras pigmeas son muy activas y ágiles, por lo que deberá tener un espacio adecuado y objetos para que puedan jugar en él.

Las cabras Pigmeas necesitan estar protegidas dentro de una cerca. Lo ideal es que la cerca mida 1.5 metros de alto para asegurar que no se salgan, y de igual manera mantener a los predadores alejados.

Para prevenir que las cabras duerman sobre el piso donde entre la corriente, deberá reservar una plataforma elevada como cama para que duerman sobre ella.

Como seguramente cuidará de dos o más cabras Pigmeas, necesitará un establo. También necesitará espacio especial para las crías, si es que piensa reproducirles, así que el macho necesitará estar apartado de la hembra. Tenga en cuenta que su albergue necesitará ser limpiado fácilmente y a conciencia.

Al igual que otras cabras, las Pigmeas necesitan rutinas de cuidado.

Las pezuñas deberán recortárseles cada cuatro meses.

Desparasite bien a las Pigmeas, aproximadamente cada seis meses a un año, según indiquen los resultados a los análisis fecales, que deben realizarse desde la edad de seis meses en adelante.

Las cabras Pigmeas necesitan refuerzos de vacunación cada año para evitar enfermedades letales. Su veterinario le pondrá al tanto respecto a las vacunas necesarias.

Como con otras cabras, deberá mantener siempre el pelaje de las Pigmeas acicalado, lo que provocará que la cabra sienta afecto por usted.

Si nota alguno de los siguientes cambios en la cabra, consulte a su veterinario inmediatamente:

Deja de estar activa
Se encorva o se cuelga
Diarrea
Aumento de temperatura
Pérdida de peso
El pelaje luce mal
Lombrices

Las cabras necesitan de muchos cuidados y ternura. Necesita actuar desde el primer signo de que algo no está bien, pues decaen muy rápido; y consulte siempre a su veterinario o a la red local de expertos.

Cabra Nubia

Las cabras Nubias (Anglo-Nubias) son originarias de África del Norte y el Medio Oeste, y subsecuentemente se dispersaron a Inglaterra. Son apropiadas para carne y leche. Ambas Nubias, la hembra (de alrededor de 61 kilos) y el macho (de alrededor de 80 kilos), son consideradas como una raza grande.

Para cuidar de sus cabras necesitará ser un conocedor. Al igual que con todas las cabras, las Nubias necesitan compañía, así que deberá tener más de una cabra.

Las cabras Nubias, como todas, requieren siempre de mucha agua limpia y fresca para beber de un contenedor limpio. Una cubeta o un bebedero son convenientes, habrá que tener sumo cuidado de que no metan las pezuñas en ellos. Las cabras beben, normalmente, de 7.5 a 19 litros por día. Si están en un área cálida, probablemente beberán más, lo que también depende del tamaño de la cabra.

La alfalfa y el heno son adecuados para la dieta de una cabra. Revise la calidad del heno antes de comprar, pues el moho puede enfermar a las cabras. De ser necesario, o por recomendación del veterinario, pueden ser alimentados con concentrados minerales y soluciones salinas.

Deberá proveer un refugio especial para sus cabras Nubias, así como un lugar dónde resguardarse de la lluvia en el pastizal. Asegúrese de que este refugio tenga un techo sólido.

A las cabras no les gusta mojarse y pueden fácilmente enfermarse después de mojarse bajo la lluvia.

Si pinta el refugio de algún color en especial, use pintura no tóxica. Cuando las cabras estén aburridas, debido a la falta de estimulación, morderán lo que haya a su alrededor. Así que asegúrese de usar pintura no tóxica en el área donde mantendrá a las cabras.

Para evitar que las cabras escapen y mantenerlas alejadas de animales predadores, asegúrese de que la cerca mida al menos 120 centímetros de altura y utilice postes reforzados que no salgan fácilmente de la tierra, pues les encanta empujar y tallarse contra la cerca. Cualquier tipo de cerca utilizada necesitará ser resistente.

El mantenimiento del área de las cabras es esencial. Deberá retirar el estiércol y cambiar todas las colchonetas hechas de paja sobre las camas regularmente, y colocar otras nuevas. El mantener su área limpia y libre de pestes ayudará a evitar que las cabras contraigan enfermedades e infecciones. El estiércol que se ha retirado, puede ser utilizado como fertilizante, pues se descompone adecuadamente.

La rutina de cuidados incluye lo siguiente: recorte de pezuñas cada tres meses para evitar la putrefacción en sus patas; éste puede realizarse con recortador o un afilador de pezuñas o tijeras bien afiladas.

Trabaje con su veterinario para programar un itinerario de salud para las vacunaciones y desparasitaciones de sus cabras. Inspeccione frecuentemente para prevenir piojos y lombrices que puedan enfermarlas.

Cuando el clima es frío, el agua se enfría y las cabras no la beberán si está helada, por lo que deberá darles agua tibia para beber.

Las moscas pueden esparcir enfermedades, así que es buena idea evitarlas usando trampas para moscas y bandas no tóxicas para moscas que se colocan fuera del alcance de las cabras. Esto es de suma importancia para reducir el riesgo de enfermedades e infecciones.

Tenga en mente que deberá llevar a cabo, usted mismo, las actividades de cuidado cotidiano de sus cabras Nubias; puede aprender mucho de otros criadores de cabras, así como de su veterinario.

3. El habitáculo Caprino

Las cabras requieren un recinto con espacio suficiente para que puedan deambular, así como un refugio para protegerse de los cambios climáticos.

Cuando están en el campo, también necesitan protegerse de la lluvia, pues no les agrada.

Necesitan tener suficiente espacio para ejercitarse y jugar.

Para que ellas puedan vivir cómodamente, el mejor lugar es un área rural, como una granja o una propiedad de ese tipo.

Generalmente, los gobiernos locales urbanos desaprueban el que se permita criar cabras en las ciudades, aunque hay excepciones. Ya que son consideradas para la agricultura, es mejor mantenerlas lejos de los límites de la mayoría de las ciudades. Consulte al Consejo Local para asegurarse que sea el caso en su área.

No querrá que sus cabras escapen, o salgan de su propiedad, por lo que necesitará mantenerlas en un corral. Esta área deberá estar cercada con los materiales apropiados. Una cerca de malla de 120 centímetros de alto puede ser una buena elección, pues no pueden saltarla con facilidad, ni quedar atrapadas en ella. Rectifique que los postes estén sólidamente puestos y no puedan ser tirados fácilmente.

La cerca necesita estar suficientemente asegurada tanto para mantener a las cabras adentro, como para evitar la entrada de predadores, en áreas donde éstos o los humanos tienen fácil acceso.

Uno de los más importantes propósitos del refugio es proveerles un área techada para que las cabras puedan cubrirse de la lluvia y la nieve.

El interior debe tener instaladas camas en el piso, para que las cabras puedan mantenerse calientes. La mejor opción es la paja, aunque las virutas de madera son otra buena opción. Es importante que la paja esté libre de moho, porque las cabras tienden a comer un poco de sus propias camas.

Recuerde quitar las manchas de humedad y el estiércol todos los días. Ambos pueden ser utilizados como abono para fertilizar, lo que también puede ser vendido, como otra fuente de ingreso para una granja.

Usando camastros bajo las colchonetas de paja es una forma de alzar a las cabras del piso para dormir. Otra opción para mantener a las cabras calientes y despegadas del piso es construyendo un anaquel para que duerman. Si el piso está hecho de concreto, la colchoneta de paja mantendrá a las cabras calientes al aislarlas del concreto frío. Esto también las mantendrá alejadas de cualquier corriente que les pueda causar enfermedades.

El refugio puede ser un espacio de tres muros, con un cuarto lado abierto. Éste es el ideal para áreas donde el clima es cálido y no hay predadores. Incluso puede funcionar para clima templado, sobre todo si se coloca una barrera contra el viento cuando el clima refresca.

Si el refugio se pinta, hay que usar únicamente pintura no tóxica. Las cabras morderán todo lo que haya cerca y la pintura tóxica puede provocarles enfermedades.

Si hay predadores en el área, asegúrese de que el refugio pueda ser asegurado por las noches, en ventanas y puertas, aunque también deberá procurar buena ventilación.

4. La alimentación de caprinos

Alimentar a su cabra es una tarea importante. La cabra puede ser resguardada en un pastizal o en un recinto. Si se mantiene en un pastizal bien cuidado, la cabra podría estar bien provista con todo lo que necesita en su dieta.

Esto depende de cuántos nutrientes y energía necesite la cabra. Cuanto más produzca la cabra, más necesitará en términos de condiciones dietéticas. Sin embargo, si está criando a una cabra por la leche, necesitará saber qué come para no contaminarla. Si usted le suministra el alimento a la cabra, sabrá exactamente lo que come.

La dieta de una cabra adulta normal consiste, sobre todo, en fibra, especialmente paja. Hay dos tipos de paja, la de leguminosa y la de hierba. La paja de leguminosa contiene más energía y nutrientes que la paja de hierba. La cabra adulta normal que no produzca leche o crías tendrá necesidades dietéticas mínimas. La mejor opción para éstas es, probablemente, la paja de hierba.

Otra opción viable disponible es el alimento comercial. Hay una gran cantidad disponible en el mercado. Ésta podría no ser la mejor opción para sus cabras, ya que son quisquillosas y prefieren la variedad.

Las cabras necesitan fibras para mantener su sistema digestivo funcionando adecuadamente, dado que son rumiantes y tienen cuatro secciones en su estómago. Por otro lado, estos alimentos están especialmente formulados para contener todos los nutrientes que las cabras necesitan. Consulte a su veterinario para otras opiniones y recomendaciones, así como a los expertos en su tienda local.

El saber cómo funciona el sistema digestivo de una cabra puede ayudar a balancear su dieta, aunque el tema no es tratado en esta guía.

Otra opción más son los concentrados. Como su nombre lo sugiere, estos productos ofrecen una alta cantidad de nutrientes y energía concentrados. Esto es únicamente apropiado para cabras que se encuentran produciendo en cantidades considerables, como las cabras lecheras o las cabras preñadas.

Las cabras adoran que una dieta sea variada. Ofrecerles una dieta de paja y frutos y vegetales, cualesquiera que estén de temporada, es una excelente opción sin importar el tiempo de consumo.

Se debe escoger cuidadosamente los frutos y vegetales, pues no todos son apropiados para consumirse por cabras; y muchos, como el ajo, la cebolla y el plátano contaminarían la leche.

Si se les provee de más nutrientes y energía de la que las cabras necesitan, subirán de peso, además de sufrir problemas asociados a ello. Estos incluyen problemas de articulaciones y patas, de los cuales muchos se dispersan hasta el lomo, si no se corrigen. El exceso de peso puede conducir a problemas durante la reproducción debido a cuestiones metabólicas.

Por el contrario, proveer menos nutrientes de los que necesita una cabra, también resulta un problema. Utilice tantos concentrados y/o paja de leguminosa como necesite una cabra productora. De no hacerlo, éstas podrían no producir suficiente leche, no producir crías, o incluso crías de lento desarrollo.

También es buena idea de dar éstos alimentos energéticos empaquetados a los cabríos, durante la temporada de reproducción.

Las cabras requieren, además, de ciertas cantidades de vitaminas y minerales. Deberá siempre dárseles un bloque de sal. Si hay otras vitaminas o minerales que hagan falta en la dieta de una cabra, deberán serle suministradas también. Consulte a su veterinario para más información sobre cuáles minerales y vitaminas podrían escasear en su área.

La alimentación del cabrito con biberón

En algunas ocasiones, el cabrito no será alimentado por su madre, por lo que será necesario que usted intervenga. Si la hembra está muy enferma, no podrá cuidar de su cría. Además, el cabrito podría estar muy débil para mamar.

En este caso, será todo un compromiso para usted alimentar al cabrito con un biberón.

Los cabritos requieren de alimento por lo menos cuatro veces al día, lo que puede reducirse a tres veces después del décimo día, luego reducírsele a dos veces después de ocho semanas y hasta un biberón al día para destetar.

Infórmese sobre cuál leche darles, con un criador de cabras experto o un veterinario.

Caliente ligeramente la leche y rellene el biberón.

Necesitará también toallas, mientras alimenta al cabrito. Frote un poco de leche en el chupón del biberón y en el hocico del cabrito. Deberá dar un indicio al cabrito de que es alimento para él.

Procure estar cómodo mientras alimenta al cabrito, pues no puede apresurarse la acción.

Cubrir los ojos de la pequeña cabra ayudará para que se adapte más pronto al biberón.

Abra el hocico del cabrito con delicadeza, en caso de que esté cerrado. Coloque el chupón del biberón en la boca, sosteniendo la lengua hacia abajo. Quite el pulgar para que no estorbe. Mientras alimenta al cabrito, mantenga el biberón inclinado hacia arriba para evitar cólicos u otros problemas de salud. La leche puede derramarse alrededor de la boca; use toallas para limpiarla.

Eventualmente el cabrito se dará cuenta de que hay comida en el biberón y no necesitará vendar más sus ojos.

Si no está hambriento, no lo obligue a comer.

A las cabras se les desteta entre los 3 y 6 meses de edad. Esto significa que dejarán de alimentarse de leche y vivirán de una dieta a base de sólidos.

5. Mantenimiento y Gestión de Servicios

Si está pensando en criar cabras, hay algunos términos con los que debe familiarizarse. Un macho cabrío es la cabra macho, mientras que la hembra es la cabra hembra. El cabrito es la cría de la cabra hembra.

Normalmente un macho cabrío puede preñar a tres hembras.

Las cabras pueden tener mellizos y parirán en promedio entre 2 y 6 cabritos al año.

Deberá seleccionar a un compañero de reproducción adecuado para su cabra para asegurar la reproducción exitosa y un próspero ganado. Al aparear una hembra con un macho cabrío, la preñez puede o no suceder y la paciencia es esencial.

Las cabras tienen un ciclo reproductivo por estación, lo que significa que la fertilidad en la hembra depende de la cantidad de la luz natural. Cuando las horas de luz natural menguan, entre Septiembre y Marzo en el hemisferio norte, las hembras entran en celo.

Las cabras usualmente son fértiles durante tres días. El ciclo se completa, por lo general, en apenas tres semanas. Lo que significa que la hembra entrará en celo cada tres semanas.

Los machos cabríos son algo difíciles de soportar durante este periodo. Se vuelven más agresivos y pelean más. Tienen además el hábito de orinarse encima, lo que probablemente originó la creencia de que las cabras suelen ser criaturas apestosas.

Cuando la hembra entra en celo, hay algunos indicadores como menear la cola, el trasero enrojecido, secreciones de moco de la vagina, gimen más y permanecen cerca del macho cabrío cuando éste está cerca.

Pueden llegar a estar muy inquietas e incluso montar a otras hembras. La hembra dejará que otras cabras la monten.

Durante este tiempo, ni el macho, ni la hembra suelen estar hambrientos y decrece la producción de leche.

Primero, deberá decidir a cuáles hembras reproducir y verificar que estén listas para aparearse. Deben estar saludables y en su peso óptimo, y no estar pasadas de peso ni debajo del ideal.

Querrá seleccionar a las hembras con mejores habilidades de maternidad.

Entonces deberá escoger al macho cabrío. Seleccione al que muestre mayor potencial para aparearse y que sea compatible con la hembra. Esto quiere decir que necesita evaluar a la hembra para ver qué necesita mejorarse, según el resultado que espera.

Por ejemplo, las cabras lecheras serán cruzadas con el macho cabrío reservado específicamente para las cabras de carne, para procrear cabritos destinados al mercado de carnes. Otros ejemplos son para mejorar la producción de leche en términos de porcentaje de grasa láctea, o para aumentar los niveles de producción.

De ser posible, revise las condiciones y tamaño de las cabras vinculadas al cabrío con el que piensa reproducir a la hembra, observe su salud, que tenga buenas ubres y sirva para la producción de leche.

De preferencia, consulte a un criador experto de cabras o a un veterinario para una segunda opinión.

Además de la reproducción natural, está la opción de la inseminación artificial.

La reproducción natural dará mejores resultados y será más rentable. Los machos deben ser compatibles con las hembras. Si no encuentra al macho cabrío adecuado, la hembra deberá ser inseminada artificialmente.

Cuando se insemina artificialmente a la hembra, no se tiene la certeza de preñez. Esto es generalmente por un error humano, pues es responsabilidad de los criadores vigilar el ciclo del celo de las hembras para llevar a cabo la inseminación en el momento indicado.

Este periodo suele darse en un lapso de dos horas, y es muy fácil perdérselo. Dejar pasar ese momento disminuirá las probabilidades de éxito en la inseminación.

La reproducción repetitiva es mucho esfuerzo para una cabra. Diez años es el límite común de edad para ello. Si la reproducción se interrumpe en ese momento, la cabra vivirá por varios años más. Si la reproducción se prolonga más allá de los diez años, puede que la muerte pase la factura a la cabra.

Muchos criadores le toman afecto a sus cabras y terminan conservándolas como mascotas, cuando ya no pueden reproducirse más.

6. La Preñez

Cuando una cabra está encinta, su preñez, conocida como el periodo de gestación, dura un aproximado de cinco meses o 150 días.

Cuando llega la hora del parto, probablemente tendrá un cabrito, aunque existe la posibilidad de que vengan mellizos, trillizos e incluso en algunas razas, son posibles los cuatrillizos.

Las hembras deberán estar bien alimentadas durante este periodo, pues mucha de su energía será conducida al feto creciendo en su interior.

Es importante que los criadores pongan suma atención al acondicionamiento corporal durante este tiempo. El acondicionamiento corporal consiste en evaluar el peso de la cabra, observándolo y palpando el cuerpo para anotar la cantidad de grasa presente. La escala está sobre una base del 1 al 9 y adaptada de la báscula utilizada en la industria ganadera.

De 1 a 3, se considera flaca, de 4 a 7, es el peso ideal y por lo tanto de 8 a 9 se encuentra gorda. Las áreas en que hay que poner especial atención incluyen la columna, la caja torácica y la punta de la cola. En una cabra que está en el peso ideal, la piel tendrá una capa delgada de grasa, aunque los huesos podrán sentirse fácilmente.

Al momento del parto, la cabra deberá tener una condición corporal de cerca de 6 o 7, lo cual es ideal para evitar la Toxemia por embarazo.

Después del parto, la hembra comenzará a producir leche. Durante este periodo, perderá probablemente un punto en la escala de condición corporal, aunque esto no deberá suceder demasiado rápido.

Si nota que la cabra está demasiado flaca, o demasiado gorda, durante el embarazo, deberá cambiar gradualmente la dieta para compensarlo.

Cerca de mes, o mes y medio antes de la fecha de parto, deberá desparasitar y vacunar a la hembra preñada contra Enterotoxemia, así como contra el Tétano. Esto garantizará que el cabrito que beba el calostro quedará bien protegido contra estas enfermedades.

El calostro es la primera leche producida después del parto, está llena de anticuerpos y nutrientes, y es esencial que el recién nacido lo beba justo después de su nacimiento.

A las hembras también debe mantenérseles cerca de la casa en la granja para un mejor monitoreo, especialmente durante el último mes de embarazo. También es buena idea tener algunos corrales de parto en caso de nacimiento de cabritos débiles.

7. El parto

El parto se refiere al proceso de dar a luz.

El proceso del parto es generalmente bien atendido por la hembra sin necesidad de intervención. Las complicaciones que podrían ocurrir usualmente implican error de posicionamiento, lo que significa que el bebé está en posición inadecuada para nacer. Esto, por lo general, necesita la atención de un veterinario.

Hay que llamar al veterinario también, si el parto no ocurre 30 minutos después de que se rompen aguas, que es la ruptura del saco que contiene al líquido amniótico.

Deberá mover a las hembras preñadas al espacio donde quiere que se lleve a cabo el parto un mes antes de la fecha del nacimiento, de manera que tengan tiempo de adaptarse al área. Deberán estar aisladas de los machos y el corral deberá mantenerse limpio.

Cuando se acerque la hora del parto, la ubre se hundirá y secretará calostro. La vulva se hinchará y expulsará una mucosidad blanca o amarilla; la cabra hembra se pondrá inquieta, perderá el apetito y se aislará ella misma del resto del rebaño.

Finalmente, 24 horas antes del nacimiento, los dos ligamentos a cada lado de la cola se pondrán muy suaves e imposibles de sentir.

La cabra hembra usualmente ingiere su placenta antes del parto, ya que ésta contiene nutrientes que necesita para estar saludable. Comer su propia placenta ayuda también a reemplazar la sangre perdida durante el parto.

Si se presentan casos de enfermedad en la granja, se necesita tomar medidas de prevención adicionales.

La cabra seguirá produciendo leche hasta tres años después de dar a luz.

8. La ordeña

La ordeña es una de las razones más comunes por las que se cría a las cabras. En esta sección discutiremos las maneras de ordeñar a una cabra, así como consejos y procedimientos para asegurarse que podrá ofrecer la leche más sana a sus clientes.

El Proceso

Lleve a la cabra al soporte de ordeña y asegure apropiadamente su cabeza, o sosténgala de otra manera, como de su collar.

Acerque una cubeta de alimento a la cabra para desviar su atención. Empiece racionándolo desde media taza, aumentando la cantidad cada día. Prosiga hasta alcanzar la cantidad requerida.

Usualmente depende de cuanta leche está produciendo la cabra, y por lo tanto, de cuanta energía necesite.

Uno de los mayores problemas en la ordeña es el desarrollo de mastitis. La mastitis se refiere a la inflamación de las tetillas debido a infecciones.

De acuerdo con el Comité de Desarrollo del Proyecto 4-H, 25 ppm de solución de yodo o 200 ppm de solución de cloro sirven muy bien para desinfectar el área de la teta antes de ordeñarla.

Consulte a su veterinario para más información. Asegúrese de que la ubre está bien seca y que la leche no corra el riesgo de contaminarse.

Con el pulgar derecho y el dedo índice forme un anillo alrededor de la parte superior de la teta, cerca de la ubre. Cuidadosamente pero con firmeza, apriete la teta y la ubre al mismo tiempo. Luego, con el dedo medio, el anular y el meñique, apriete la parte superior para dejar caer la leche en una cubeta.

Revise siempre la leche para encontrar anormalidades como hebras o sangre, lo que evidenciaría mastitis.

Si la leche fluye, entonces habrá tenido éxito en la ordeña. Si no, trate reajustando sus dedos. La parte alta de la teta debe abrazarse con los dedos para que la leche fluya hacia abajo y no de vuelta hacia arriba. Asegúrese de apretar la teta y la ubre firmemente.

Continúe apretando hasta que ya no salga más leche, cambiando de manos, si es necesario. Pero si considera que aún hay leche, masajee suavemente la ubre con un puño y siga intentando.

Después de terminar, aplique betadine en los orificios de la ubre, o utilice un sellador para ubres apropiado para mantenerlas sanas. Esto previene a la cabra hembra de tener mastitis por bacterias en los orificios de las tetas. Las tetas permanecen abiertas casi media hora después de ordeñarlas.

Por eso es importante acercarles paja o cualquier alimento a las cabras después de la ordeña. Así se mantendrán alejadas de la suciedad del piso por el tiempo necesario.

La leche de cabra puede colarse con un filtro para café o una toalla de papel para remover partículas como pelusa, o cualquier otra, en la leche.

También tendrá que enfriar la leche, para lo que puede utilizar agua helada.

La leche puede venderse pasteurizada o sin pasteurizar, dependiendo del mercado y los reglamentos.

Si la pasteuriza, utilice una caserola para baño María. Caliéntela a 74° C durante 15 segundos y luego colóquela de nuevo en el agua helada por unos minutos para enfriarla.

A continuación, unos consejos para conseguir una buena tanda de leche de cabra:

Converse con su cabra mientras la ordeña, ya que ésta responderá positivamente y ofrecerá más leche.

No vea el ordeñar como una carga y tómese el tiempo para disfrutarlo.

Mientras ordeña a su cabra, aliméntela con paja, ya que contiene proteínas, granos, fibra y la mezcla de minerales necesarios.

Las cabras hembra deberán ser ordeñadas en un área separada del macho cabrío y de los cabritos. Después de ordeñarlas, las hembras pueden ser devueltas al área regular de estancia. De hecho, es mejor que el área de ordeña esté apartada y sea estrictamente usada para ordeñar. A las cabras les encanta la rutina, y esto seguramente las hará felices.

Asegúrese de que el área esté limpia y libre de cualquier pestilencia u olores fuertes, pues la leche no tendrá buen sabor.

Para mantener la leche fresca y con buen sabor, enfríela tan pronto como sea posible.

Separe a los cabritos de la madre para asegurar que el criador consiga la primera leche del día.

9. Manejo y Cuidado Caprino

El cuidado cotidiano de caprino consiste en alimentar, acicalar, limpiar los contenedores de agua y alimento, y el mantenimiento de su cama. Se mantiene a las camas en óptimas condiciones, removiendo las manchas de orina y humedad, y el estiércol.

Periódicamente, los camastros tendrán que ser limpiados y reemplazados.

El acicalar a la cabra tiene un doble propósito. Mantendrá la piel y el pelaje de la cabra saludables, además de brindarle al dueño la oportunidad de observar más de cerca a sus animalitos.

A las cabras se les conoce por contraer fácilmente enfermedades letales, por lo que el cuidado preventivo de la salud es muy importante, así como detectar y tratar los padecimientos a tiempo.

Las cabras necesitan ser desparasitadas periódicamente. Vea la sección más adelante titulada "Cabras y Parásitos", para mayor información al respecto.

El cuidado de sus pezuñas es de vital importancia. Éste se realiza a conciencia cada 4 a 8 semanas, dependiendo de la rapidez de crecimiento de las pezuñas.

Las pezuñas, en cada cabra, crecen a un determinado ritmo particular. A algunas les crecen más rápido, y a otras más lento. De cualquier manera, el cuidado de las pezuñas no se debe postergar demasiado. Esperar demasiado para hacerlo convertirá esta tarea en una faena.

A las cabras no les agrada estar paradas por largos periodos, y mientras más espere para hacerlo, más difícil será recortar las pezuñas.

Si las pezuñas crecen en exceso, se puede provocar dolor al caminar. El lodo y los alimentos pueden atorarse en las pezuñas de una cabra, por lo que habrá que cerciorarse de mantenerlas limpias. De lo contrario, podría generarse Pietín.

Recortar la pezuña es importante para que la cabra pueda pararse derecha y firmemente sobre la tierra.

Lo esencial para sus cabras

Siempre mantenga un suministro de agua limpia y fresca.

Reemplace las camas cuando se hayan ensuciado.

Consiga pinzas para pezuña y un cepillo para las patas para el cuidado regular de sus pezuñas.

Bríndeles suministros frescos de paja y alimento, para que coman cuando deseen.

Proporcioneles bocadillos saludables, como cáscaras de frutas o vegetales, maíz, aceite negro, semillas de girasol y otros granos.

Proteja a sus cabras de predadores, perros y personas colocándolas en un espacio cercado; lo que también evitará que escapen, haciéndose daño a ellas mismas o a propiedades ajenas.

Consejos para el cuidado caprino

Investigue acerca de medidas preventivas para la salud de sus cabras y sea conocedor del cuidado de éstas. Compre libros, investigue en internet y únase a foros sobre cabras para crear una red de contactos de criadores de cabras exitosos.

Consulte a diferentes criadores, especialmente en el tema del cuidado de sus propias cabras. Identifique a vendedores de cabras reconocidos, y que vendan los animales a buen precio. Conozca sobre el historial médico y calendario de vacunaciones previas, antes de concretar la compra.

Planifique antes de adquirir las cabras y asegúrese de tener un refugio seguro, agua y alimento preparados.

A las cabras les agrada la rutina, así que sea constante en las actividades de ordeña, de mantenimiento y de alimentación.

Acostúmbrese a un itinerario regular que implique el mantenimiento preventivo, en que incluya recorte de pezuñas y acicalado de pelaje.

Mantenga su pelaje bien limpio y acicalado.

Si esto es a lo que se dedicará, recuerde siempre que las cabras están más contentas cuando están en compañía de otras.

No las reproduzca en exceso, o pasados los diez años. Si lo hace, no vivirán mucho tiempo más. El promedio de esperanza de vida de las cabras es de aproximadamente 12 años, pero algunas cabras pueden vivir hasta 18 años, si se les resguarda bajo cuidado.

Tenga presente que cuidar cabras es un compromiso a largo plazo.

Cuando coloque la cerca, hágalo de manera que los animales no puedan salir fácilmente. Las cabras son excelentes escapistas y son tan ágiles que escalarán, así que asegúrese de que no hay nada aldededor que puedan utilizar para escalar y escapar.

Las cabras disfrutan comer de los árboles y arbustos. Si les permite acercarse a los suyos, no los tendrá por mucho tiempo. Aunque no tendrá que podarlos, ellas lo harán por usted.

También quitarán la corteza del árbol, deteriorándolo.

No dé más paja a las cabras de la que se comerán. Es su hábito comer menos de lo que les ofrece, por lo que es mejor que no las sobrealimente.

Observe su comportamiento al alimentarse para anotar cuánto pueden comer e ir ajustando la cantidad de acuerdo con lo que observa.

No debe temer a su cabra; sin embargo, pueden llegar a ser agresivas cuando están en celo o cuidando a sus cabritos.

La cabra dominante se aprovechará de usted, si lo permite, pues busca ser la líder, y el resto la seguirán.

Una vez que se den cuenta que usted puede seguirles la corriente, se aplacarán y actuarán correctamente.

La primera cabra que adquiera debería ser una hembra o un macho castrado. Son más fáciles de tratar que los machos cabríos.

Las cabras macho pueden ser útiles pues son animales muy curiosos. Suelen ser agresivos con otros machos. También tienden a emitir olores muy fuertes a los que usted probablemente no se adapte de inmediato, ya que rocían orina en ellos mismos para atraer a la hembra.

Necesitará un espacio para mantenerlas seguras, fuera del alcance de humanos, perros y otros predadores potenciales. Dejarlas al cuidado de algún animal guardian puede ser útil para que le alerte cuando haya peligros; por ejemplo, un burro.

Si su cabra es atacada, revísela inmediatamente para buscar lesiones y por precaución llame al veterinario.

10. Manejo y Cuidado del Cabrito

En muchas ocasiones se busca la reproducción de las cabras para estimular la producción de leche. Después del nacimiento, tendrá que decidir qué hacer con los cabritos, especialmente los machos. Pueden ser vendidos como mascotas o para producción de carne. También pueden ser vendidos o engordados por otros productores antes de mandarlos al matadero.

Se acerca el momento del nacimiento de su nueva cría, para la madre. Normalmente no necesitará hacer nada pues la hembra y el cabrito se encargarán de todo el proceso.

Lista de requerimientos para el parto

Toallas limpias - para secar, y para el recién nacido, de necesitarse.

Solución de yodo (7%) - para desinfectar el cordón umbilical.

Contenedor de boca ancha - para desinfectar el cordón umbilical.

Las tijeras siempre son útiles, sobre todo para cortar el cordón umbilical.

Hilo- para cortar el cordón umbilical, si se necesita

Desinfectante para manos - en caso de que el bebé necesite ser reposicionado.

Guantes de cirugía largos - en caso de reposicionamiento del bebé.

Lubricante - por si se necesita reposicionar.

Biberón - por si el bebé necesita alimentarse artificialmente.

Cubeta - para apartar la placenta para revisión del veterinario.

No querrá interferir demasiado en el proceso de parto, ya que puede ocasionar que la hembra rechace al cabrito.

Por lo general, cuando el cabrito nace, la hembra lo lamerá. Así limpiará al recién nacido, removiendo la membrana y estimulando la respiración.

Pasada una media hora, el cabrito estará de pie y bebiendo de las tetas.

Deberá interferir únicamente si siente que algo va mal, por ejemplo, si la hembra no empieza a retirar la membrana al cabo de unos minutos. Es entonces que usted puede entrar en acción para removerla.

Si el cabrito no se mueve dentro de un tiempo considerable; comience a secar al animal vigorosamente, pero con cuidado, con ayuda de una toalla seca. Esto no sólo estimulará la respiración del recién nacido, también ayudará a la circulación y lo mantendrá caliente.

Es esencial que se mantenga caliente y seco al recién nacido, y quizás deba utilizar una lámpara de calor.

Igual que con un bebé humano, el cordón umbilical se separará. Si no sucede así, corte dos pedazos de hilo y ate un nudo en dos lugares, separados a una distancia de 2.54 cm uno del otro. Utilice unas tijeras bien afiladas para cortar el cordón umbilical entre los nudos.

Si el bebé tiene dificultad para respirar, use una pera de goma en su garganta para succionar las secreciones y tejidos que queden dentro. Tape un orificio nasal; luego saque los residuos del otro orificio. Haga lo mismo en la fosa contraria.

Si no tiene una pera de goma, puede utilizar una tira de paja limpia. Métala en su nariz y menéela hasta que el cabrito estornude. Esto deberá remover el exceso de secresiones y tejido acumulado en las cavidades respiratorias.

Consiga un contenedor y llénelo con solución de yodo (7%). Meta el extremo del cordón umbilical de la cabra en el contenedor y cubra el área del estómago del cabrito con yodo.

Para entonces el cabrito deberá estar mamando, por sí solo. Si aún tiene problemas para hacerlo, sólo aléjese un poco y observe.

Primero, asegúrese de que el recién nacido haya encontrado las tetas. Podría dificultarse un poco, especialmente con las cabras de pelaje largo.

Cuando se haya cerciorado de que el cabrito está mamando, si aparentemente no está bebiendo, tome las tetas de la cabra y apriételas para ver si la leche sale de ellas.

Si el procedimiento falla, ordeñe a la cabra, y dé la leche en biberón al cabrito.

Después de una hora, el recién nacido estará por completo de pie y alimentándose. No deberá tomar más de 250 mililitros de leche. Después de eso, permita a la madre cuidar de su cabrito. Es importante que la cría consuma el calostro.

Si el cabrito no está tomandolo de las tetas, es buena idea recoger el calostro, que será la primer leche que obtenga de la hembra; será importante que le de a tomar este calostro al bebé.

Congelar la leche en bandejas de cubos de hielo, y posteriormente guardarlos en contenedores grandes, es lo mejor. De esta manera si necesita alimentar manualmente al cabrito puede descongelar los cubos para dársela en biberón.

El calostro es la primera leche producida. Contiene carbohidratos, proteínas y nutrientes que el cabrito necesita inmediatamente. Para poder proteger el sistema inmune de anticuerpos, el calostro protege al cabrito, hasta que es suficientemente maduro para crear los suyos propios.

El calostro es apropiado únicamente para su consumo por el cabrito y no por los humanos. El revestimento del sistema digestivo del cabrito se ajusta un día después de su nacimiento. En otras palabras, el cabrito necesita beber el calostro durante las primeras 24 horas posteriores al parto; mientras más pronto, mejor.

Por lo general, el cabrito no tendrá problemas para alimentarse por sí mismo. Es usual que éstos beban en cantidades pequeñas varias ocasiones por hora.

Sólo si el cabrito nació débil o enfermo, necesitará ser alimentado con biberón cuatro veces al día con leche fresca de cabra, de vaca o de oveja, en su lugar. Agregue 3 cucharadas de jarabe de maíz a la leche de vaca. Esto se hace porque la leche de vaca tiene menos grasa que la de cabra.

Como se mencionó antes, la primera leche producida se llama calostro. Después de 24 horas, la cabra comenzará a producir leche normal.

Dependiendo de la raza, la hembra es capaz de producir 2.8 kilogramos de leche diaria. Si vende la leche, el cabrito tendrá que ser retirado de la madre, para que no se beba toda la leche.

Algunos productores separan a los cabritos de las madres durante la noche, para poder colectar la leche a la mañana siguiente para su venta; así el animalito podrá beber de su madre el resto del día.

Los cabritos son destetados entre los primeros 3 a 5 meses de vida.

El área donde duerma el cabrito debe estar cálida y seca, también protegida del sol o la lluvia y libre de corrientes.

La paja es adecuada para su cama. Necesita utilizar un material que no se enrede en el pelaje del cabrito.

Utilice una lámpara de calor si el clima es húmedo o frío, para proveerle calor. Asegúrese de seguir las instrucciones del fabricante, sobre todo para mantener a los animales alejados y éstos no se quemen.

Use un paño húmedo y tibio para limpiar la cara del cabrito, sus orejas y las patas traseras, diariamente; revise también que no tenga desechos en las pezuñas.

Utilizando un cepillo suave, puede mantener el pelaje del cabrito limpio y libre de ácaros, entre otros bichos.

Recorte las pezuñas del cabrito sólo cuando sea necesario. Pida ayuda si la necesita, y consiga que un criador de cabras experto o un veterinario le muestren la manera de hacerlo.

El cabrito puede comer heno que no contenga moho. Algunos tipos que puede usar son "Bermuda" o "Timothy". Puede comenzar a dárselo después de cumplir una semana de nacido.

Necesitará un bastidor especial para heno o un alimentador de arrastre. Estos están diseñados para que sólo el cabrito pueda tener acceso al alimento y sus madres no lo alcancen.

Cerca de las ocho semanas de edad, comience a habituarlas a comer alimento comercial. Este alimento está diseñado especialmente para ellos, pues contiene las cantidades apropiadas de nutrientes, y en especial de nivel de proteínas. Puede conseguirlo en tiendas de alimento para animales o de agricultura. Siga las instrucciones indicadas en el empaque; vaya cambiando gradualmente el alimento para balancear su dieta.

Ya que las cabras pueden hacerse daño a ellas mismas o a otras, aún sin intención, lo apropiado es quitarles los cuernos al cabrito; a esto se le llama descornado. Debe llevarse a cabo por un veterinario, aunque en muchos lugares lo realizan los mismos dueños.

La castración puede realizarse por muy temprano a las cuatro semanas de edad. El proceso puede ser con cirugía o utilizando una banda de castración. Éste último es el más fácil para los recién iniciados; así pueden aprender a castrar a sus cabras. Se realiza poniendo una banda elástica en la parte superior del escroto, pegada al cuerpo, cortando la circulación de los testículos. Éste caerá eventualmente.

Pida a su veterinario, o a un criador de cabras experto en el tema, que le enseñe la manera correcta de hacerlo.

11. Manejo y cuidado del macho cabrío

En general, es considerablemente más fácil cuidar de la cabra macho que de la hembra. Sólo necesitan de mantenimiento básico; quizás haya que agregar más concentrados nutritivos a su dieta durante la época de reproducción, para que recuperen la energía.

Los machos cabríos pueden ser difíciles de tratar, sobre todo en época de apareamiento. Tienen el hábito de orinarse encima. Esto es lo que produce el olor tan peculiar que mucha gente no soporta.

Si está considerando adquirir un macho para cuidarlo, debe considerar estos aspectos. También debe tomar en cuenta que necesitará un recinto separado del de las hembras, y como todos los animales, necesita compañía. Sería conveniente adquirir un macho cabrío, y un macho castrado.

Los machos castrados son cabras macho, que por castración no pueden reproducirse.

Estos son más fáciles de tratar e incluso se les considera una buena opción para mascota.

Los machos castrados tienden a desarrollar cálculos urinarios, dependiendo del momento de castración. La uretra es un conducto que va desde la vejiga hacia el exterior del cuerpo. También en los machos cabríos, este conducto es curvo y delgado. Cuando el macho es castrado a temprana edad, este conducto es aún más delgado y curvo; lo que facilita que se generen cálculos urinarios y se produzca obstrucción de las vías urinarias.

Es sumamente importante que se descorne a los machos, pues tienden a usar sus cuernos para atacarse unos a otros, sobre todo durante la época de apareamiento. También están más agresivos durante este periodo, por lo que pueden atacar a los humanos; debe disuadírseles de hacerlo.

12. Desórdenes Comunes en las Cabras Adultas

Las cabras pueden presentar una extensa variedad de enfermedades y originar parásitos o bacterias; aunque el diagnóstico de virus puede obtenerse a través de la sangre o por inspección visual, entre otros; es necesario tratar urgentemente para que se recuperen a la brevedad.

El criador juega un papel vital en la salud y recuperación de sus cabras. Mediante un buen programa de cuidado preventivo de salud se pueden evitar enfermedades.

Algunas enfermedades caprinas comunes:

Aborto

En las cabras esto puede suceder entre la 6ª y 8ª semana de embarazo en la hembra. Beber agua contaminada con Salmonela puede ser causa de un aborto, aunque hay muchas otras razones. La cabra hembra debe recibir tratamiento por parte de un veterinario.

Artritis

En las cabras adultas, esta puede ser ocasionada por descuido e insuficiencia de vitaminas y minerales.

Antrax

La cabra sufre de alta temperatura, pérdida de apetito y, probablemente sobreviva un solo día. Deberá mantener a la cabra alejada de las otras, y también de las personas, y notificar a las autoridades. El resto del rebaño deberá ser vacunado cuanto antes.

Bronquitis

Al tener una infección de gusano pulmonar, las cabras pueden desarrollar bronquitis. Deberá eliminar el polvo del alimento y agregar más agua a la mezcla (agua común o melaza de caña).

Timpanitis

El heno de alfalfa puede causar Timpanitis en la cabra. La cabra orinará más de lo normal, caminará de manera anormal y pateará mostrando irritación. Si se le alimenta con leguminosa, asegúrese de que la paja está seca, como medida preventiva. Aceite de cacahuate en el alimento puede favorecer.

Brucelosis

Esta enfermedad es provocada por la bacteria *brucella melitiensis,* y necesita notificar a las autoridades. Puede esparcir una ola de abortos en el rebaño. Afecta también a los humanos. Actualmente no se ha manifestado en el Reino Unido.

Campilobacteriosis

Ésta es otra causa de aborto en las cabras, y se presenta también en otros animales y en los humanos. Los síntomas varian dependiendo de la bacteria responsable de la infección.

Artritis encefálica caprina

En las ovejas, esta enfermedad es conocida como Maedi Visna. Se caracteriza por problemas respiratorios, así como por problemas relativos al sistema nervioso; normalmente afecta a los más pequeños.

Linfadenitis Caseosa

Esta afección es causada por el *Corynebacterium pseudotuberculosis*. Genera absesos de pus, especialmente en el área de la boca y cabeza. Si la desarrollan dentro del cuerpo, puede provocar pérdida de peso, entre otros problemas peores, dependiendo de la ubicación. Puede infectar potencialmente a humanos también. Hay que notificar a las autoridades en caso de padecimiento.

Clamidiosis

Los síntomas en ésta son diarrea y neumonía; si la hembra está preñada, puede ocasionar aborto. Si el cabrito nació recién, pueden contraer artritis. La Penicilina es un posible tratamiento.

Coccidiosis

La cabra tendrá diarrea con sangre y se sentirá débil. Deberá llamar al veterinario.

Agalaxia Contagiosa

Esta enfermedad se origina por *mycoplasma agalactiae* y se presenta frecuentemente en países del Mediterráneo y Medio Oeste. Si se sospecha de padecimiento, necesita notificar a las autoridades. La agalaxia contagiosa causará aborto y mastitis, además de todo.

Dermatitis

Existen diferentes tipos para este padecimiento:

Dermatitis Labial

Cuando los residuos de leche permanecen en la boca de los niños artificialmente alimentados, provocando que la piel se endurezca y se agriete. Este desfiguramiento de la cara se puede tratar con pomadas.

Dermatitis Labial e Interdigital

Ésta ocurre cuando la cabra come hierba cana o Azaleas, o son atacados por los ácaros. La jalea de Petróleo o la Lanolina pueden tratar esta dermatitis.

Dermatitis alérgica

Las picaduras de avispa o mosquito pueden provocarle a la cabra una infección en determinadas áreas; ésta puede tratarse con una crema protectora.

Enfermedades en los ojos

Conjuntivitis

La conjuntivitis aparece cuando el ojo de la cabra entra en contacto con la hierba, las semillas, las espinas o cualquier objeto abrasivo. El área del ojo se enrojece e inflama. Use una solución salina para tratarla.

Ojo rosado

Esta enfermedad es contagiosa. Puede observarse una secreción en el ojo de la cabra. Una solución salina puede lavar el ojo.

Deberá también aplicar dos gotas en cada ojo, dos veces al día.

Fiebre aftosa

Puede atacar tanto a cabras adultas como a las crías, manifestándose en mejillas, labios, lengua, y otras áreas orales. Las cabras tendrán una apariencia aletargada, y los cabritos comúnmente no sobrevivirán. Deberá aislarse a la cabra y notificar a las autoridades sobre el caso. Por lo general el rebaño entero es sacrificado.

Pietín

Es un padecimiento contagioso que se manifiesta por infección bacterial con ennegrecimiento. La inflamación y humedad se harán presentes en la punta de la pata; provocará que la cabra pierda peso.

Viruela caprina

Fiebre y congestión serán evidentes. Podrían manifestar lesiones en la piel también, aunque no alcanzan a sobrevivir lo suficiente para ello. Deberán aislarse. El Peróxido de Hidrógeno con agua tibia puede usarse para lavar, y posteriormente tendrá que cubrir las lesiones en la piel con crema antibiótica.

Septicemia hemorrágica

La cabra presentará dificultad para respirar; fiebre alta y tos podrían manifestarse con el padecimiento. Deberá vacunarse.

Enfermedad de Johnes

Esta afección también es llamada paratuberculosis, y es causada por la *mycobacterium avium* y sus subespecies.

Causa diarrea y considerable pérdida de peso; puede ser fatal. Los casos de enfermedad de Johnes deben ser notificados en ciertos lugares como Irlanda del Norte.

Mastitis

Técnicamente, esta palabra significa inflamación (por el sufijo -itis) de las glándulas mamarias, en este caso de las ubres. Hay muchas razones de la aparición de esta afección, incluyendo bacterias y levaduras. Los síntomas son, por lo general, encabezados por inflamación y sobrecalentamiento de la ubre; se reduce la producción de leche. Se altera la leche; en ella pueden encontrarse sangre o grumos, o también puede estar muy aguada. Puede provocar fiebre e incluso la muerte.

Tembladera (Scrapie)

Esta es una enfermedad neurológica fatal que ataca tanto a cabras como a ovejas. Es una enfermedad furtiva, donde los síntomas no aparecen sino hasta meses o años después de haber contraído la infección. Estos síntomas incluyen irritación, excitabilidad y debilidad en las patas. La piel comienza a irritarse tanto que el pobre animal busca aliviar sus heridas, rascándose a sí mismo. Cualquier sospecha de padecimiento debe ser notificada a las autoridades.

Toxoplasmosis

La Toxoplasmosis es causa de aborto. Este es unpadecimiento por zoonosis, lo que significa que puede afectar a humanos. El animal que más suele transmitir esta enfermedad es el gato.

13. Desórdenes comunes en el cabrito

Los cabritos son muy susceptibles a las mismas enfermedades que los adultos. Como en el caso de los humanos, los jóvenes están propensos a debilitarse más que los adultos y tienden a desarrollar las enfermedades antes, así como a sufrirlas más.

Los cabritos nacen sin inmunidad. La inmunidad al principio de sus vidas es pasiva, la cual obtienen a través del calostro de su madre. La pasividad indica que recibirán anticuerpos, que son componentes relacionados especialmente al combate de microorganismos causantes de enfermedades. Estos anticuerpos son temporales y eventualmente desaparecerán. Para entonces, su sistema inmune ya estará bien desarrollado para combatir por sí mismo cualquier invasión. Ése es el momento ideal para la vacunación.

Existen enfermedades que atacan especialmente a los cabritos. Enseguida se mencionan las más comunes entre ellas.

Artritis

La artritis en los cabritos puede ser causada por una infección originada en el ombligo. También se le llama Articulación III (Joint III) u Ombligo III (Navel III). El tratamiento es con antibióticos.

Coccidiosis

Provoca diarreas con sangre y debilitamiento. Este padecimiento es potencialmente fatal en los cabritos. Llame al veterinario. Si no se trata, puede causar daño permanente en la pared intestinal, lo que podría suscitar la muerte.

Diarrea

Esta suele ser muy común y una afección potencialmente fatal para los cabritos, también se le conoce como "scours" en inglés. Puede ser ocasionada por una cantidad de microorganismos y otros problemas, como el cambio abrupto en la dieta. Si el cabrito muere o no, depende de cuán hidratado pueda mantenerse, y del motivo de la diarrea.

Neumonía

Las cabras, suelen tener dificultades respiratorias, y los cabritos son especialmente susceptibles al desarrollo de neumonía. Es frecuente que les afecte fatalmente y los mate. Deberá prestarse mucha atención y tratarse a tiempo. Baje la fiebre con media aspirina infantil. Es común que la fiebre pase tan rápido que el criador pierda de vista las señales. Después de que la fiebre bajó, el cabrito puede disminuir su temperatura muy rápidamente. Cualquier temperatura corporal bajo los 37 grados Celsius le llevará a la muerte. En esta etapa es importante aumentar la temperatura tan rápido como sea posible con cobertores. Asegúrese de que el cabrito esté bien hidratado.

Síndrome del Cabrito Flojo (Floppy Kid)

Esta enfermedad es más común en cabritos de 7 a 10 días de edad y está asociada a la sobrealimentación. No permita que el cabrito ingiera más leche, y utilice bicarbonato o leche de magnesia para sacar toda la leche de su sistema mientras baja la acidez en el tracto digestivo. Puede beneficiar si le administra antitoxina C y D.

Enfermedad del Músculo Blanco

Esta es un padecimiento causado por deficiencia de selenio. Las cabras criadas en lugares donde el selenio escasea en el suelo, o que son alimentadas con paja proveniente de estos lugares, pueden desarrollar esta enfermedad. Provoca que las patas traseras de la cabra se debiliten. Debe inyectarse selenio para tratárseles.

14. Vacunas y vacunación

Una vacuna es un producto que estimula al sistema inmunológico.

Existen varios tipos de vacuna, incluyendo las vivas o atenuadas, las muertas o inactivadas y las toxoides.

Hay otras que se encuentran en etapa experimental, pero no serán tratadas en este reporte.

Las vacunas vivas o atenuadas tienen microorganismos vivos, que provocan una determinada enfermedad. Estos microorganismos han sido manipulados, para que no generen la enfermedad por completo. Aún así, su utilización es potencialmente peligrosa, especialmente en casos de enfermedad por zoonosis. Éstas pueden infectar a humanos. Además tienden a invocar la mejor inmunidad de protección.

Una vacuna muerta o inactivada, como su nombre sugiere, contiene microorganismos muertos. Es más seguro utilizarlas, aunque es cierto que no genera tanta inmunidad, por lo que habrá necesidad de varias vacunaciones. Una vacuna viva requerirá una sola aplicación, mientras que la inactivada requerirá de dos o tres aplicaciones con un mes de intervalo entre ellas.

Una vacuna toxoide se produce de un compuesto que el microorganismo produce. La más conocida de éstas es el Tétanos.

En el pasado, frecuentemente se recomendaba que las cabras fueran vacunadas cada año contra todas las enfermedades. Esta situación ha cambiado en el transcurso de los últimos años. Ahora es recomendable que las vacunas se apliquen sólo en caso necesario.

Es sabido que el cuerpo tiene una capacidad limitada para responder a las vacunas. Lo que significa que sólo unas cuantas pueden ser aplicadas a la vez. El aplicar demasiadas vacunas de una sola vez será un desperdicio de dinero, pues el cuerpo será incapaz de producir anticuerpos contra todas estas enfermedades, al mismo tiempo.

Será mejor realizar una prueba de vacunación antes de su aplicación. Ésta es un análisis de sangre, que mide la cantidad de anticuerpos existentes en la sangre de la cabra para esa enfermedad en específico. Casi no se hace debido a los costos que implica. En su lugar, se lleva a cabo la vacunación anual pertinente.

Así que, ¿contra cuál enfermedad deberá vacunarse? Buena pregunta. Consulte a su veterinario para saber cuál enfermedad caprina está en apogeo en su área, para realizar la debida vacunación.

15. Cabras y Parásitos

Todo el caprino desarrolla lombrices. Lo que es importante es el control en dicha populación y el respectivo cuidado para que no afecte tan drásticamente a las cabras.

Las lombrices se alimentan de la sangre y nutrientes contenidos en los intestinos. Si la populación de lombrices se sale de control, puede generarse anemia o pérdida excesiva de nutrientes.

Esto provoca que la cabra empiece a desnutrirse y a perder peso. Su pelaje y piel comienzan a verse desaliñados y en pésimas condiciones. Las cabras desarrollan una apariencia muy enfermiza.

Por ello debe desparasitarse a las cabras regularmente. Hay una gran variedad de productos desparasitantes disponibles en el mercado; quizás resulte difícil decidir cuál de ellos usar. Consulte al veterinario.

Durante muchos años se recomendó desparasitar a las cabras regularmente y que seguido se cambiase el producto. Esto ocasionó que los parásitos se hicieran más resistentes a los desparasitantes. Estas normas han cambiado. Ahora se recomienda desparasitar al rebaño, cuando el análisis de parásitos en la materia fecal así lo indique. Este examen se debe llevar a cabo por un veterinario o por usted mismo. Se realiza observando una muestra de materia fecal en un microscopio. Consulte a su veterinario para mayor información.

Otras cosas que debe realizar para mantener el nivel de lombrices bajo es cuidando la constante limpieza del estiércol, que las cabras no pasten demasiado y procurar mantenerlas distribuidas en diferentes áreas.

Alimentar a sus cabras con ajo puede ser benéfico para mantener el nivel de lombrices bajo. Debe recordar que, a pesar de ello, el ajo puede contaminar la leche, por lo que no sería una opción viable.

También existen algunos desparasitantes naturales a base de hierbas, disponibles comercialmente. Como siempre, deberá consultar previamente al veterinario.

Otros parásitos que pueden infestar al rebaño pueden ser los piojos y las pulgas Estos parásitos son más comunes en el invierno, pues el pelaje de las cabras es más grueso entonces. El mejor remedio es la luz solar, lo que alejará a los bichos. También puede recortarse el pelaje o utilizar shampoos para tratar estas pestes.

16. El caprino y la ley

Las leyes asociadas al caprino están en constante modificación. Estas leyes dependen, por supuesto, del lugar en el que habite. En Bretaña, los criadores de cabras deben registrarse en el Departamento de Medio Ambiente, Alimentación y Asuntos Rurales (DEFRA en inglés), aún si las cabras son resguardadas como mascotas.

En este país, las leyes vinculadas a las cabras son formuladas por la DEFRA. Sus políticas cambian con mucha frecuencia y es responsabilidad del criador de cabras estar al tanto de estos cambios. De acuerdo con la DEFRA, cada criador de cabras requiere un número de Permiso de Propiedad del Condado (CPH en inglés) para identificar las tierras y edificios que le pertenecen con relación a las cabras.

Hace mucho tiempo era posible llevar a pasear a su cabra por el camino. Ya no se permite esto, debido a la posibilidad de brotes de enfermedades, sobre todo la Fiebre Aftosa.

Hoy en día, es necesario que cada movimiento de una cabra, fuera de la propiedad del dueño, sea documentada.

Esto significa que todas las cabras deben estar propiamente identificadas. Esto se puede hacer utilizando etiquetas; hay lugares donde se necesita más de una, excepto por aquellas cabras destinadas al matadero. Este etiquetamiento debe hacerse con el número del rebaño y no como un registro individual por cabra.

La identificación electrónica también se permite en lugar de las etiquetas.

En el Reino Unido, se les han otorgado cinco derechos básicos a los animales, de acuerdo al Acta de Agricultura (Diversas Disposiciones) de 1968. Lo referente a las cabras se trata en la Sección 3.

Libertad de sed, hambruna y desnutrición;

Adecuada comodidad y refugio;

Prevención y pronto diagnóstico y tratamiento de heridas, enfermedades y plagas;

Libertad de Temor; y

Libertad para presentar cualquier patrón normal de conducta.

17. Registros y Diarios de Registro

De ser necesario, lleve un buen diario de registros relativos a sus cabras.

Guardar estos registros es una parte necesaria en el cuidado caprino. En muchos lugares es un requerimiento legal, como en Bretaña.

Si es necesario, lleve un control de registros de salud, y otro de traslados. Esto puede hacerse cómodamente, a la antigua, con bolígrafo y papel, o se puede utilizar alta tecnología, con equipos de vanguarda. Ambos recursos funcionan excelentemente; todo depende de las preferencias del criador.

En términos de registros de salud, todas las vacunaciones y medicamentos suministrados deben ser anotados.

También debe registrar síntomas que la cabra puede presentar, así como variaciones en la temperatura corporal, como fiebre. Esto es muy útil en caso de que la cabra desarrolle una enfermedad. De tal manera que puede prestar este diario a su veterinario para que se familiarice, y pueda estar al tanto del historial de salud entero de la cabra.

Por ley, hoy es importante y necesario llevar el registro de nacimientos y decesos, así como del traslado de los animales.

Guardar estos registros no sólo es para las autoridades. También es útil para el productor, especialmente para cuando debe hacer la selección de cabras.

Si los registros son guardados, se meten en gráficas y tablas, lo que facilita el análisis de la salud de una cabra, sobre todo si está teniendo problemas de salud, y para llevar la contabilidad de aquello en lo que se esté invirtiendo más dinero para el tratamiento o alimento, durante la producción medida.

18. Conclusión

Cuidar del caprino puede ser muy agradable; la cria de cabras se ha vuelto muy popular.

La cria de caprino, y de animales en general, es un compromiso de tiempo completo; las cabras son ideales para los amantes de los animales que están dispuestos a asumir esta responsabilidad a largo plazo.

Las cabras adoran estar acompañadas y siempre necesitarán de compañía (además de la de usted) para sobrevivir.

Estar bien informado es el primer paso para convertirse en un criador de cabras exitoso.

19. Recursos

Goat Lap Shop http://www.goatlapshop.com
Sociedad de Caprino Americano http://www.americangoatsociety.com/
Sociedad de Cría de Cabra Anglo-Nubia http://www.anglo-nubian.org.uk/
Sociedad Británica de Caprino http://www.allgoats.com/breeds4.htm
Básicos del Caprino http://www.allgoats.com/breeds4.htm
Videos de Cabras http://www.goatlapshop.com/goatvideos.htm
Club de la Cabra Pigmea http://www.pygmygoatclub.org/
Base de datos de veterinarios http://www.cybergoat.com/goat_vet.htm

20. Artículos y Otros Libros Sobre Cabras

Por Felicity McCullough

A Simple Guide To The Goat's Digestive System (Guide Goat Knowledge 3)
Una Guía Simple Para el Sistema Digestivo De Una Cabra
 (Guía de Conocimiento Caprino 3)

Boar Goats (article)
Cabras Jabalí (artículo)

Charlie And Isabella's Magical Adventure (book)
La Mágica Aventura de Carlitos e Isabel (libro)

Charlie And Isabella Meet Jacob (book)
Carlitos e Isabel Conocen a Jacobo (libro)

Charlie And Isabella's Second Adventure With Jacob (book)
La Segunda Aventura de Carlitos e Isabel Con Jacobo (libro)

Charlie And Isabella's Magical Adventures
Compendium (book)
Compendio Las Mágicas Aventuras de
Carlitos e Isabel (libro)

Las Mágicas Aventuras De Carlitos E Isabel
Compendio Las Mágicas Aventuras de
Carlitos e Isabel (libro)

Diseases of Goats (article)
Enfermedades en las cabras (artículo)

Golden Guernsey Goats (Guide Goat
Knowledge 2)
Las Cabras Doradas de Guernsey (Guía de
Conocimiento Caprino 2)

How To Keep Goats Healthy (Guide Goat
Knowledge 1)
Como Mantener Sanas A Las Cabras (Guía
de Conocimiento Caprino 1)

Nigerian Dwarf Goats (article)
Cabras Enanas Nigerianas (artículo)

Nimbkar Boer Goat (article)
Cabras Bóer de Nimbkar (artículo)

Schallenberg Virus (article)

Virus de Schallenberg (artículo)

The Fun of Goats (article)
Lo Divertido de las Cabras (artículo)

21. Derechos de autor 2012

My Lap Shop Publishers

Todos los derechos reservados.

Ninguna parte de esta publicación podrá ser reproducida, almacenada en un sistema de recuperación, o transmitida en alguna forma o por ningún medio, electrónico, mecánico, fotocopia, grabación, escaneo, o por el contrario, sin el previo permiso por escrito de la Editorial.

22. Publicado por:

My Lap Shop Publishers

91 Mayflower Street, Unit 222,

Plymouth, Devon, PL1 1SB

United Kingdom

Tel: +44 (0)871 560 5297

www.mylapshop.com

Primera Edición Marzo 2012

23. ISBN: 978-1-78165-066-0

24. Reconocimientos:

La editora agradece a Danielle Shurskis por el apoyo y ayuda en la publicación de esta serie de libros y artículos. Felicity agradece también a la Sra. Susan Body por sus puntos de vista como granjera, y por revisar el contenido.

Este libro fue traducido del inglés al español por Ileana Covarrubias; la Editorial quisiera agradecer a ella por su ayuda y apoyo.

25. Acerca de Felicity McCullough

Felicity McCullough ha escrito varios libros sobre los cuidados preventivos en la salud de las cabras. El sitio web dedicado a las cabras www.goatlapshop.com contiene una amplia variedad de temas y recursos relativos al caprino, incluyendo la serie de libros infantiles de Las Mágicas Aventuras de Carlitos e Isabel, adecuados para la hora de acostarse y que tienen bellas ilustraciones.

26. Renuncia de Responsabilidad Legal

Este libro se ha realizado con el fin de servir como HERRAMIENTA ESTRICTAMENTE EDUCATIVA E INFORMATIVA. Las sugerencias contenidas en este material pueden no ser aptas para todo público. No se pretende dar un diagnóstico ni tratamiento. La autora obtuvo la información de fuentes consideradas como confiables y de experiencias personales. Aunque la autora puso todo su esfuerzo en ello, no hay garantía de exactitud o integridad del contenido en este trabajo.

La autora no garantiza la fidelidad de la información u otro contenido en las fuentes o sitios web enlistados o citados en este trabajo. Además de lo anterior, la autora, la editora y los distribuidores jamás dan asesoría médica, legal, contable, o de cualquier otro tipo. El lector debe buscar siempre los servicios de profesionales competentes que puedan examinar sus circunstancias particulares. La mención de algún producto, marca o sitio web NO es promoción ni recomendación de dicho producto, servicio o práctica.

El área médica es un campo muy dinámico, y constantemente es sometido a investigaciones, modificaciones y avances; y por lo tanto, la información contenida en este libro tendrá que ser siempre indagada a fondo y DEBERÁ CONSULTAR A UN VETERINARIO U OTRO ESPECIALISTA, según el caso.

Cualquier y toda aplicación de la información contenida en este libro es exclusiva responsabilidad de la persona que lleve a cabo dicha acción. La autora, la editora y los distribuidores renuncian particularmente a cualquier responsabilidad, pérdida o riesgo tomado por los individuos que, directa o indirectamente, actúen sobre la información aquí contenida. Los lectores deben aceptar la responsabilidad por el uso que hagan de este material.

My Lap Shop Publishers

Plymouth, England

www.mylapshop.com